UN MOT

SUR

LA NOUVELLE CHARTE

CONSTITUTIONNELLE DES FRANÇAIS.

Tous les exemplaires qui ne seront pas revêtus de ma signature seront réputés contrefaits, et les contre-facteurs seront poursuivis selon la loi.

UN MOT

SUR

LA NOUVELLE CHARTE

CONSTITUTIONNELLE DES FRANÇAIS,

ADOPTÉE

PAR LA CHAMBRE DES DÉPUTÉS

ET PRÉSENTÉE

A L'ACCEPTATION DU DUC D'ORLÉANS,

SUIVI DE QUELQUES RÉFLEXIONS SUR LA RÉVOLUTION DE 1830;

PAR

Fourquet-d'Hachette,

AUTEUR

DU COUP D'OEIL RAPIDE SUR LES RÉVOLUTIONS FRANÇAISES
DE 1789 ET 1830;
DE L'ANGLETERRE ET SON GOUVERNEMENT
DEPUIS SON ORIGINE JUSQU'EN 1830,
ET DE PLUSIEURS AUTRES OUVRAGES POLITIQUES ET LITTÉRAIRES.

Une Charte sera désormais une vérité!
Proclamation du duc d'Orléans.

Paris,

CHEZ A. BOULLAND, LIBRAIRIE CENTRALE,

GALERIE NEUVE D'ORLÉANS, N. 1.

1830.

UN MOT

SUR

LA NOUVELLE CHARTE

CONSTITUTIONNELLE DES FRANÇAIS.

— ⋘✦⋙ —

> Les Constitutions politiques apprennent aux chefs des nations à pratiquer la justice et la clémence , et à conserver la liberté des peuples; elles donnent au citoyen le zèle du patriotisme; au guerrier la prudence , au magistrat l'amour des lois, et prescrivent à tous les membres du corps social l'exercice des vertus publiques.

La Charte de Louis XVIII , telle que ce roi nous l'avait donnée ne pouvait plus exister en France ; plusieurs articles de cette Charte n'étaient point fondés sur les véritables principes qui, maintenant, doivent régir notre société politique ; elle fut faite au milieu du tumulte des armes et des cris des combattans. Ce n'est point dans un temps de confusion et d'allarmes que le législateur peut créer une sage et heureuse constitution ; alors les passions fermentent de toutes parts, le soleil perd sa chaleur vivifiante, et n'éclaire point au milieu des tempêtes et des orages. Les régénérations des empires doivent s'opérer dans un temps de paix et de lumière ; le génie aime à méditer ses projets au milieu du silence ; et les belles conceptions de l'esprit humain se montrent et se développent lorsque la nature est calme, et qu'elle présente le spectacle paisible de ses grandeurs ; alors le législateur s'élève à une hauteur surnaturelle. Ce n'est pas seulement pour ses contemporains qu'il travaille, c'est pour les siècles ; ce n'est pas une seule nation qu'il organise, c'est la terre entière ; son influence s'étend sur la postérité ; ses bienfaits appartiennent à l'univers, dont il prépare l'affranchissement et le bonheur : c'est alors qu'il a véritablement dérobé, comme Prométhée, le feu sacré de la Divinité, et qu'il va, comme elle, régénérer et embellir la nature.

Il fallait que dans la nouvelle Charte la division des pouvoirs y fût strictement observée, et simplifiée de manière à ce qu'il n'y eût aucun article équivoque, pour qu'à l'avenir les hommes qui arriveront au pouvoir, quels qu'ils soient, ne pussent, au besoin, l'interpréter selon leurs vœux ou leur intérêt particulier, tels que l'ont été plusieurs articles de la précédente charte.

La division des pouvoirs y était nécessaire pour affermir le corps social, et pour le préserver des crimes de la tyrannie, des factions anarchiques et

des insurrections populaires ; c'est dans la confusion des pouvoirs que naît, croît, se fortifie ce
principe de désorganisation, qui agite et dissout
le corps politique; c'est la rouille qui corrompt le
fer; c'est l'arsenic qui empoisonne le corps humain.

Une constitution est la combinaison des trois
pouvoirs, législatif, exécutif et judiciaire. La constitution est bonne, quand les trois pouvoirs se
combinent et se balancent pour la prospérité du
peuple et la gloire du gouvernement; la constitution est vicieuse, lorsque les pouvoirs se confon-
dent ou se concentrent dans les mêmes mains; alors
les autorités sont sans démarcation, les droits sans
garantie, les forces sans équilibre, les mouvemens
sans direction, les lois sans justice, la liberté sans
frein.

Il faut surtout s'occuper à constituer le pouvoir
exécutif, qui est le gouvernement. On peut bien
concevoir un empire sans constitution; mais on ne
peut pas le concevoir sans gouvernement; presque
tous les législateurs ont donné à leur pays des lois
constitutionnelles, qui sont restées ensevelies dans
la poussière des siècles, tandis que les peuples
fixaient leurs regards sur leurs gouvernemens, qui
changeaient de formes et même de principes,
suivant les temps et les circonstances : La constitution de Lycurgue a duré cinq cents ans; mais

combien le gouvernement lacédémonien n'a-t-il pas éprouvé de variations? La constitution de Numa, toujours respectée à Rome, même sous les empereurs, n'a pas empêché que le gouvernement romain n'ait éprouvé des révolutions; le gouvernement d'Athènes, mal constitué, a produit des malheurs, des guerres et des crimes. Quelle ressemblance entre la fameuse Charte anglaise et le gouvernement britannique, entre l'Alcoran et le gouvernement turc, entre la Bulle d'or et la fédération germanique, entre la loi salique et le gouvernement français avant nos deux mémorables révolutions! Le pouvoir exécutif doit veiller à la prospérité constante des peuples, mais on doit lui donner une grande force, pour assurer la durée des empires et pour affermir le bonheur des nations.

La nouvelle charte constitutionelle devait faire disparaître tous les vices qui se trouvaient dans la charte de Louis XVIII; il fallait y établir avec clarté les véritables principes du corps social; diviser et classer les pouvoirs; donner à l'autorité exécutive une grande force en l'associant à la puissance législative; réunir tous les intérêts dans l'intérêt général; diminuer les rouages de la machine politique, et, en resserrant ainsi les liens de la France, préparer une sage et heureuse législation, la force, la splendeur et le bonheur du peuple français.

Nos législateurs se sont non-seulement rappelés qu'*une charte sera désormais une vérité !* mais ils ont encore pris pour devise : *Libertés civiles et religieuses.* Ils n'ont pas eu recours à des dissertations métaphysiques, à de fragiles moralités, plus propres à exciter les insurrections populaires qu'à éclairer les esprits et à perfectionner la morale publique. Ils ne devaient pas aussi s'arrêter à une impuissante et vaine déclaration des droits de l'homme, dont on a tant parlé et fait si souvent usage pour établir et propager ce système de légalité, inventé par ces jongleurs politiques, qui veulent aller à la célébrité par des folies ou par des crimes, et qui aiment à promener leurs regards sombres sur des ruines, sur des monumens épars et mutilés. Dès que par la pensée on place ce droit avant les lois, avant l'origine des sociétés, on ne peut trouver de titre qu'en dépouillant, pour ainsi dire, les archives de la nature : l'univers les compose, l'univers est le majestueux dépôt des pensées du Créateur ; nous n'y voyons nullement l'exemple, ni le type de cette égalité que l'on voudrait introduire, au nom du droit de l'homme, dans notre nouvelle organisation sociale.

Toutes les fois que l'on dira aux hommes assemblés : *Vous êtes égaux, libres et souverains;* il faut s'attendre à voir les liens de la subordination se dissoudre et les droits de la société s'anéantir. Quand on n'aura , pour ramener la multitude à ses devoirs , que des mots vides de sens et une métaphysique obscure , on excitera ses passions, et elle se livrera à tous les excès de la licence et à toutes les fureurs de l'anarchie. Parlons quelquefois au peuple de ses droits , rappelons-lui sa dignité , son indépendance , mais parlons-lui aussi de ses devoirs , et ne cessons de l'exhorter à travailler, à obéir aux lois , à respecter le chef de l'état et ses législateurs, et à pratiquer les vertus publiques ; alors il sera libre et heureux.

Sans doute le peuple a des droits : qu'on les respecte ces droits ! loin de souffir qu'on les viole , il faut en confier la garde à des zélés defenseurs , qui , revêtus de l'autorité, écartent avec soin et coupent même , s'il le faut , ces mains avides et sacriléges qui chercheraient à les anéantir. Tranquille dans son état , et jouissant des fruits de son industrie et de ses travaux, que le peuple s'arrête au devoir de l'obéissance et se laisse gouverner ; qu'au sein de la vertu et de l'aisance , il ne cherche pas à se prévaloir de sa souveraineté et de ses droits. Il est des vérités saintes qu'il faut rappeler pour les imprimer profondément dans le cœur des hommes ; il faudrait même les graver sur des tables d'airain , et les exposer dans les places publiques : ces monumens rappelleraient à tous les

citoyens quels sont les droits qu'ils peuvent exercer, et quels sont les devoirs qu'ils doivent rem-
plir ; mais le peuple avait le droit d'attendre de
ses législateurs une charte dont chaque article fût
la quintessence du suc qui devait être extrait des
fruits bienfaisans qu'il venait de cueillir sur l'ar-
bre de la liberté ; les regards des vrais citoyens
aimeront à s'y fixer, et contempleront avec joie
l'œuvre du génie qui a présidé à cette concep-
tion. Le philosophe et l'ami de l'humanité admire-
ront avec un respect religieux cet ouvrage de la
raison et de la sagesse.

Les institutions humaines les plus sages ont
présenté souvent des imperfections ; les hommes
les plus grands dans leurs pensées, les plus sublimes dans leurs conceptions, ont été soumis à
l'empire de l'erreur et des préjugés. Il n'appartient donc qu'aux législateurs qui ont été les té-
moins auculaires et oriculaires de la révolution
de 1830, de nous donner une Charte complète
telle qu'il nous la faut, et telle que nous avons
droit de l'attendre, puisque nous l'avons payée
avec notre sang !

Législateurs de la France ! vous connaissez les
lois et les institutions qui conviennent à notre
caractère et à nos mœurs ; nous savons qu'il n'en
est pas un seul parmi vous qui ne soit capable de
les créer, et qui ne soit instruit de nos besoins.

Soyez donc les appuis du peuple qui a mis en vous toute sa confiance, et prouvez-lui que vous vous êtes occupé de ses intérêts en consolidant son bonheur et sa liberté.

Parmi les codes politiques qui ont illustré tant de nations, il y en a beaucoup qui ont été le fruit des conceptions d'un seul homme. Minos donna des lois à la Crète ; Zoroastre, aux Perses ; Confucius, aux Chinois ; Solon, à Athènes ; Lycurgue, à Sparte ; Numa, aux Romains ; Moïse, aux Hébreux ; Mahomet, aux Arabes : leurs lois ont subsisté pendant des siècles, et les peuples qui y ont obéi ont été heureux et puissans.

Un génie sublime, qui s'élève par ses propres forces à de grandes conceptions, peut créer une nation, la conduire à la civilisation, par des principes généraux de politique et de législation : il peut lui donner des institutions et des lois conformes à ses préjugés, à sa situation, à ses habitudes ; il peut éclairer son esprit, perfectionner sa raison, et l'attacher aux idées de morale, et aux opinions religieuses ; c'est l'architecte qui crée le plan de l'édifice social, et en pose les fondemens, c'est lui qui représente, dans le système politique, cette puissance mystérieuse qui, dans l'homme moral, réunit l'action à la volonté ; il connaît et juge l'opinion publique ; il consulte le vœu national ; environné de lumières, dirigé par de sages conseils, il s'occupe à proposer des lois capables de faire le bonheur du peuple, et de subvenir aux besoins de l'état; s'il se trompe, les chambres doivent rejeter ces projets. Mais si ces chambres sont composées d'hommes différens par leur caractère, leurs opinions, leurs principes, agités par des passions diverses, dirigés par des motifs d'intérêts, ces hommes ne peuvent donner de bonnes lois à un peuple. Une assemblée agit plus souvent par sentiment que par réflexion, et l'ouvrage des lois n'appartient qu'à la réflexion. Pour faire de bonnes lois, il faut des têtes froides, et des cœurs purs; toutes les passions se réunissent dans une assemblée nombreuse : de ce foyer, sortent, éclatent la haine, l'orgueil et l'envie. L'homme calme et vertueux n'ose élever la voix; il gémit dans le silence! L'homme ardent et pervers profite de cette faiblesse; il n'a d'énergie, d'éloquence, que pour faire adopter ses projets d'injustice, et ses principes d'anarchie : au milieu de cette confusion, le scandale est dans le sanctuaire des lois; les représentans de la nation perdent cette confiance dont ils ont besoin pour exercer les augustes fonctions qui leur ont été déléguées; de là tant de lois inutiles, injustes, contradictoires, bizarres, obscures, précédées de préambules vains et dangereux; ces lois produisent des restrictions, des commentaires qui en obscurcissent le sens, en arrêtent ou en suspendent l'exécution. Les lois les plus courtes se gravent plus profondément dans la mémoire et dans le cœur des hommes : quand Moïse donna au peuple hébreux les tables de la loi, il les écrivit en dix articles, et ces dix articles sont encore, après plus de trente siècles, les préceptes religieux et moraux les plus simples et les plus incontestables; ces préceptes sont ainsi conçus :

ÉCOUTE, ISRAEL.

ART. 1er.

« Je suis le seigneur ton Dieu qui t'ai tiré de la terre d'Égypte, de la maison de la servitude. Tu n'auras point d'autre Dieu devant ma face. Tu ne feras d'idole, ni d'images taillées, ni même figure pour les adorer.

ART. 2.

« Tu ne prendras point le nom du seigneur ton Dieu en vain, car le seigneur ton Dieu ne tiendra point pour innocent celui qui aura pris le nom du seigneur son Dieu en vain.

ART. 3.

« Souviens-toi de sanctifier le jour du sabbat.

Art. 4.

« Honore ton père et ta mère , afin que tu sois heureux sur la terre.

Art. 5.

« Tu ne tueras point.

Art. 6.

« Tu ne commettras point de fornication.

Art. 7.

« Tu ne déroberas point.

Art. 8.

« Tu ne diras point faux témoignage contre ton prochain.

Art. 9.

« Tu ne désireras point la femme de ton prochain.

Art. 10.

« Tu ne désireras point sa maison , ni son serviteur, ni sa servante , ni son bœuf , ni son âne , ni aucune chose qui lui appartienne. »

Les tables de la loi ont été composées dans la méditation et le silence. Les législateurs ne pourront jamais faire de bonnes lois, au milieu des débats tumultueux dont les chambres ont donné si souvent l'exemple; ces lois ne seront chéries et exécutées qu'autant que ceux qui les auront proposées auront donné le spectacle de l'union, de la sagesse et des vertus publiques. Si les pensées des philosophes, si les recherches des savans exigent le recueillement, la pureté de l'ame, et demandent toute l'attention dont l'homme est susceptible, que sera-ce de la formation de la loi, qui réunit les grandes combinaisons de l'esprit; l'observation exacte des faits les plus difficiles à analyser et la solution de plus grands problêmes de l'intelligence humaine? Comment des législateurs rempliront-ils les devoirs imposans de leur auguste fonction, si, en formant la loi, ils sont placés au milieu des fureurs des passions, sans que rien ne puisse leur imposer de frein; si l'agitation de leur ame s'accroît et se perpétue par tout ce qui fermente autour d'eux. Les législateurs de l'antiquité fuyaient le tumulte des villes, et allaient dans la retraite méditer les lois qu'ils devaient donner aux peuples; ils rompaient les nœuds qui les liaient à la société, et n'avaient de commerce qu'avec les dieux. C'est ainsi qu'un vaisseau, battu par la tempête, se brise et s'ensevelit dans les flots : au milieu d'une mer paisible, il se promène majestueusement et arrive au port. Ce vaisseau est celui de l'État, il faut le garantir des tempêtes politiques, que les ennemis de nos libertés seraient tentés de soulever encore contre lui.

Le peuple français n'ignore pas que, pour être libre et heureux, il faut qu'il reste fidèle aux institutions qui lui ont été accordées par la nouvelle Charte constitutionnelle ; que c'est à cette fidélité qu'il devra ce sentiment de sa sûreté individuelle, sans laquelle la liberté n'est qu'un nom ; il sait aussi que sans l'amour des lois il ne peut y avoir de liberté ; que sans les lois, le respect de la propriété, la richesse publique, n'auraient jamais de garantie ; et qu'enfin, il ne peut espérer ni bonheur, ni repos, ni tranquillité, sans cette Charte constitutionnelle sur laquelle il a fondé ses espérances les plus chères. Il sait que ce monument de la sagesse doit lui enseigner à pratiquer ces maximes éternelles de justice et de raison, sans lesquelles il n'y aurait plus dans l'état que misère, hypocrisie, tyrannie et corruption. Il sait encore que l'édifice de la Charte sera le gage de sa liberté et de son bonheur ; qu'il doit le soutenir de toutes ses forces, le défendre et mourir s'il le faut pour empêcher que nos ennemis y portent une main sacrilége.

La France ne veut plus de cette politique machiavelique qui outrage les lois saintes de la justice et de la morale en consacrant la fraude et l'usurpation; elle ne veut plus de ces hommes qui s'enveloppent dans les replis tortueux d'une politique artificieuse, ni de ceux qui se cachent sous le manteau de la religion, pour séduire et pour tromper; elle ne veut pas non plus de ces diplomates habiles dans l'art de l'intrigue, qui sont allés dans les cours étrangères solliciter l'envahissement de la France, pour faire couler notre sang, ou nous réduire à la misère et à l'esclavage.

La France veut maintenant de ces hommes d'état qui puissent perfectionner l'organisation militaire, et améliorer les lois; consolider le crédit public, acquitter les dettes de l'état; établir dans les finances un système d'ordre et d'économie; purger toutes les administrations des abus et des personnes qui y ont été introduits contre les intérêts du peuple; protéger l'agriculture, vivifier le commerce, enrichir et rendre la liberté à toutes les industries et encourager les sciences, les lettres et les arts.

Voilà les hommes qu'il faut à la France! Voilà ce que le peuple désire, et ce qu'il a le droit de demander et d'attendre de ceux qu'il a appelés à le gouverner!

La nouvelle Charte devait nécessairement renfermer les véritables principes qui doivent régir les sociétés politiques; la séparation des pouvoirs y est fixée d'une manière claire et précise; la balance formée dans la législation par trois branches égales, et indépendantes, contient tous ces pouvoirs dans leurs limites constitutionnelles. Toute constitution qui n'aura point pour base la division des pouvoirs, périra; le peuple, tour à tour oppresseur et opprimé, sera éternellement agité par ces divisions intestines qui le rendront esclave et malheureux; on ne peut lire sans horreur, dans Thucydide, le récit des factions et des désordres dont la Grèce fut le théâtre, et qui n'eurent d'autre cause que la confusion des pouvoirs, et le défaut d'équilibre.

La nouvelle Charte a revêtu le chef de l'état chargé du pouvoir exécutif de l'union d'une grande force; et elle l'a associé à la puissance législative. S'il est une vérité bien constatée, qu'on ne puisse recueillir de l'histoire de tous les siècles, c'est que les droits et la liberté du peuple ne peuvent jamais être conservés dans une constitution, sans une forte puissance exécutive; c'est elle qui donne à l'exécution des lois une marche rapide et imposante; c'est elle qui surveille et vivifie toutes les parties de l'administration, qui enchaîne toutes les factions, protége la liberté publique et les propriétés, prévient les insurrections populaires et punit les rebelles à la loi. C'est ce chef suprême qui est véritablement le gouvernement, qui entretient les relations extérieures, correspond avec les autres puissances, fait la guerre, la paix, prépare les négociations, conclut les traités, et représente la nation dans les sublimes et augustes fonctions qu'il exerce.

Tout en reconnaissant les grands avantages qui nous sont accordés par la nouvelle Charte constitutionnelle, et que tout citoyen a le droit d'examiner et de juger, puisqu'elle lui a été donnée pour son bonheur et pour celui de ses concitoyens, il m'était donc permis, comme citoyen français, de commenter tous les articles de la Charte de Louis XVIII, qui ont été conservés, changés ou modifiés par la chambre des députés.

Les changemens apportés à l'art. 7 de l'excharte, concernant la religion catholique, apostolique et romaine, et celle des autres cultes chrétiens professés par la majorité des Français, portent que désormais les prêtres de l'Église romaine, et les pasteurs des autres cultes, recevront leurs traitemens du trésor public, au lieu de les recevoir du trésor royal qui en exceptait ceux qui n'étaient pas né dans la religion de l'État.

Cette tolérance est admirable; mais cet article ne parle pas de l'expulsion des jésuites, moines, capucins, pénitens de toutes les couleurs, ainsi que de tous les ordres mendians qui existent en France, et qui, au mépris de lois, exercent encore leur fanatique et coupable industrie : cet article a donc besoin de quelques additions.

L'art. 8, en accordant à tous les Français le droit de publier et de faire imprimer leurs opinions, en se conformant aux lois, porte également que la censure ne pourra jamais être rétablie.

La destruction des entraves que l'ex-charte avait mis à la libre circulation de la pensée est un acte de patriotisme qui mérite l'admiration et la reconnaissance de tous les citoyens français.

L'art. 14 de l'ex-charte était terminé par ces mots, en parlant du roi : *fait les réglemens et ordonnances nécessaires pour l'exécution des lois* et la sûreté de l'État; dans les modifications qui y ont été apportées, on a supprimé *et la sûreté de l'État;* et ajouté : *sans pouvoir jamais ni suspendre les lois elles-mêmes, ni se dispenser de leur exécution.* Toutefois aucune troupe étrangère ne pourra être admise au service de l'État sans une loi.

Il me semble que les mots *sans une loi* ne devraient pas exister dans cet article. Il y a assez de soldats en France, et de citoyens en état de porter les armes, pour que nous n'ayons jamais besoin soit en guerre soit en paix, d'aucun étranger pour garder et défendre notre patrie.

Dans l'art. 15, on a cru devoir supprimer aux députés des départemens le mot *département.* Si on a jugé cette suppression nécessaire, pourquoi n'a-t-on pas fait connaître la qualification qui doit remplacer celle qui n'existe plus? Dira-t-on les députés de la nation, ou les réprésentans du peuple, ou les députés de telle ou telle province, ou les députés de la France? Il était donc essentiel que l'une de ces qualifications fût désignée dans la nouvelle Charte, afin que le peuple pût savoir comment et à qui il devait s'adresser pour confier ses intérêts...

Les articles 16 et 17 sont ainsi modifiés : la proposition des lois appartient au roi, à la chambre des pairs et à la chambre des députés.

Néanmoins toute loi d'impôt doit d'abord être votée par la chambre des députés. Les articles 19, 20, 21, faisant suite aux deux articles précédens, ont été ainsi modifiés : si une proposition de loi a été rejetée par l'un des trois pouvoirs, elle ne pourra être reproduite dans la même session.

Mais si cette proposition a été rejetée par l'un des trois pouvoirs, pourquoi ne pourrait-elle pas être reproduite dans la même session, si les deux autres pouvoirs, qui forment nécessairement une majorité, ne rejettent pas cette loi? Cet article ne me semble pas assez démontré pour que son obscurité ne me laisse pas quelques doutes.

La modification apportée à l'art. 26 enlève au nouveau roi la faculté de faire assembler la chambre des pairs hors du temps de la session de la chambre des députés, sauf le cas où elle est réunie comme cour de justice, et alors elle ne peut exercer que des fonctions judiciaires.

Cette volonté facultative que Louis XVIII s'était donnée, sans doute au nom du *bon plaisir*, avait depuis long-temps frappé les regards du peuple ; et tous les citoyens qui prévoyaient l'usage funeste que pouvait en faire l'ex-roi, se félicitent aujourd'hui de la décision de leurs représentans d'avoir anéanti cette prérogative royale.

Les articles 27 et 28, qui ont été *conservés*, auraient dû ce me semble éprouver quelques modifications, lesquelles n'auraient porté aucune atteinte ni à la dignité, ni aux autres prérogatives qui doivent être accordées au nouveau roi.

Dans l'art. 27, j'aurais désiré que la *confirmation* et non la *nomination* des pairs appartînt au roi ; qu'il ne pût en varier les dignités, selon sa *volonté* ; que ces dignités eussent été honoraires ; que l'hérédité des pairs fût abolie ; que nul d'entre eux ne pût avoir voix délibérative qu'il n'eût atteint sa trente-cinquième année ; qu'il ne fût né Français, ou naturalisé au moins depuis quinze ans, et qu'il eût acquis, par ses travaux, cette science de la législation, si étendue et si pénible. Cet âge, joint aux vertus et aux talens des pairs, servirait à les faire jouir de cette estime, de cette considération et de ces respects qui doivent être attachés à leurs augustes fonctions. Les erreurs des législateurs sont plus funestes aux états que des batailles perdues ; la guerre donne plus de force et de génie aux peuples ; elle produit des actions héroïques et des vertus sublimes ; mais une mauvaise législation corrompt, dégrade les nations, et prépare leur misère et leur esclavage.

Les pairs devraient devoir leur élection au vœu réfléchi de chaque province de la France ; les habitans, qui sont propriétaires et éligibles, auraient intérêt de nommer des citoyens distingués par leur moralité, leurs talens et leur fortune, et les traitemens des pairs ne seraient pas à la charge du peuple.

La seule modification apportée à l'art. 3o est *l'exclusion des membres de la famille royale,* qui ne peuvent point siéger à la chambre des pairs. Les princes du sang sont exceptés de cette exclusion ; ils sont pairs par droit de naissance, siégent immédiatement après le président.

Si on avait ajouté à cet article, le Roi est le président général et honoraire de la chambre des pairs ; il sera aidé par le président titulaire, qui pourra le remplacer au besoin et lorsque le roi présidera la séance, il n'aura voix délibérative que comme simple pair ; cette innovation eût été utile, parce qu'elle aurait resserré davantage le lien qui doit exister entre l'autorité législative et le pouvoir exécutif.

L'art. 32 rend publiques les séances de la chambre des pairs, comme celle des députés. C'est une prérogative de plus accordée au peuple, à qui il est permis d'écouter et d'entendre ceux qui s'occupent de ses intérêts.

L'art. 33 porte que la chambre des pairs connaît des crimes contre la sûreté de l'état et de haute trahison, qui seront définis par la loi.

Il est certain que quelle que soit la cour judiciaire qui est appelée à juger, elle ne doit et ne peut prononcer sur la culpabilité d'un prévenu, si le crime qu'il a commis n'a pas été prévu par la loi.

Ce n'est pas seulement la sage composition du corps législatif qui facilite et seconde l'action du pouvoir exécutif, c'est encore l'organisation judiciaire. Les tribunaux devraient être composés d'hommes choisis par les deux chambres et par le chef de l'état, mais les juges rester toujours inamovibles, afin que, pouvant se livrer sans crainte à l'étude des lois et de la jurisprudence, ils ne pussent pas négliger une science si utile à l'humanité.

La modification apportée à l'art. 38 réduit l'âge des députés de 40 à 30 ans. Cette modification faite à la loi des élections avait été depuis long-temps réclamée par les éligibles de cet âge, comme un droit qu'on ne pouvait leur refuser, puisqu'à trente ans la majorité des Français connaît les lois qui conviennent à son pays, et est capable d'en défendre les intérêts, tout aussi bien et peut-être mieux encore que ne peuvent le faire certains députés ayant atteint leur quarantième année. Grâces en soient donc rendues à ceux qui n'ont pas méconnus la justice de cette réclamation.

L'art. 39 dit que s'il ne se trouvait pas cinquante personnes de cet âge payant le cens d'éligibilité, le nombre serait complété par les plus imposés au-dessous de ce sens. On aurait dû terminer cet article par l'addition suivante : *et jusqu'à cinq cents francs*; car la faveur que l'on accorde ici à la fortune peut éloigner éternellement de la représentation nationale de bons citoyens capables par leurs talens et leurs lumières de contribuer au bonheur et à la prospérité de la France. Je conseille donc à nos législateurs de réfléchir mûrement sur cette faveur qui me paraît inconstitutionnelle.

Il en est de même pour l'art. 40 concernant les électeurs dont la contribution directe devrait être de 150 fr. au lieu de 300 fr.

L'art. 43 porte que le président de la chambre des députés sera élu par elle à l'ouverture de chaque session.

Dans l'ex-charte cette nomination était faite par le roi : elle était souvent une entrave à l'adoption des lois qui auraient pu modifier nos institutions sociales ; car l'homme d'un pouvoir despotique ne pouvait être le bienfaiteur de la nation.

L'art. 63 dit qu'il ne pourra être créé de commissions et tribunaux extraordinaires, à quelque titre et sous quelque dénomination que ce puisse être. Ces tribunaux avaient été créés pour accélérer les vengeances d'un gouvernement odieux qui ne voulait que du sang ; leur destruction ayant anéanti ces lois barbares, gloire aux députés qui les ont effacées du pacte fondamental de l'État.

L'art. 72 dit : la Légion-d'Honneur est maintenue. Le Roi déterminera les réglemens intérieurs et la décoration.

La Légion-d'Honneur est un ordre purement militaire, qui n'a été institué que pour récompenser la bravoure ; cependant cette décoration a été accordée, ou plutôt prodiguée à des gens qui ne l'ont jamais méritée. Ceux qui par leur mérite civil, ou par leurs talens d'agrément ont obtenu cette récompense, devraient être distingués par un ruban d'une autre couleur, et par une décoration qui aurait pour légende ; d'un côté : *Philippe premier* (d'Orléans), *Roi des Français;* et de l'autre côté : *au Mérite Civil, Récompense aux Talens,* 1830.

De cette manière, un savant, un artiste-peintre, un musicien, un directeur de spectacle, et tant d'autres personnes qui n'ont point exposé leurs jours pour défendre la patrie, auraient la juste et la seule distinction due à leur mérite et à leurs talens.

Le Roi, dans sa sagesse, sentira, je l'espère, la justice de cette remarque, et avisera au moyen de remédier à un abus si criant, en ne donnant point à ceux qui ont mérité des récompenses pour leurs simples mérites ou leurs talens, des distinctions qui ne doivent être accordées qu'à ceux qui les ont méritées par des actes d'héroïsme.

L'art. 73, dit que les colonies seront régies par des lois particulières, au lieu de *réglemens particuliers.*

Dans cet article je vois avec peine que les colonies françaises ne soient pas régies par les mêmes lois de la métropole. Pourquoi les Français qui existent au-delà des mers en sont-ils privés quand nous en jouissons? c'est ce que je crois encore inconstitutionnel.

Dans cet article il n'a pas été question de l'abolition de l'esclavage et de la traite des nègres dans nos colonies; l'humanité et la liberté des peuples faisaient cependant un devoir aux députés de la mère-patrie de s'occuper sérieusement de nos frères des colonies, qui, quoique d'une couleur différente de la nôtre, n'en sont pas moins des hommes comme nous, et que Dieu n'a point créés pour être esclaves ni vendus comme des animaux.

Par l'art. 74, le Roi et ses successeurs jureront *à leur avénement,* en présence des deux chambres réunies, d'observer fidèlement la présente Charte constitutionnelle ; et par l'art. 75, que cette Charte et tous les droits qu'elle consacre demeurent confiés au patriotisme et au courage des gardes nationales et de tous les citoyens.

En mettant sous la sauve garde de tous les citoyens Français le pacte fondamental des lois de l'État, c'est à la fois une justice qu'on leur a rendue, et la garantie la plus sûre qu'on pouvait leur donner pour assurer leurs droits, puisque ce sont eux-mêmes qui désormais veilleront à leur conservation.

Article additionnel.

La France reprend ses couleurs. A l'avenir il ne sera plus porté d'autre cocarde que la cocarde tricolore.

DISPOSITIONS PARTICULIÈRES.

Toutes les nominations et créations nouvelles de pairs, faites sous le règne de l'ex-roi Charles X, sont déclarées nulles et non avenues.

L'article 27 de la Charte sera soumis à un nouvel examen dans la session de 183o.

La Chambre des députés déclare troisièmement qu'il est nécessaire de pourvoir successivement, par des lois séparées et dans le plus court délai possible, aux objets qui suivent :

1° L'application du jury aux délits de la presse et aux délits politiques;

2° La responsabilité des ministres et des autres agens du pouvoir;

3° La réélection des députés promus à des fonctions publiques salariées;

4° Le vote annuel du contingent de l'armée;

5° L'organisation de la garde nationale, avec intervention des gardes nationaux dans le choix de leurs officiers;

6° Des dispositions assurant d'une manière légale l'état des officiers de tout grade de terre et de mer;

7° Des institutions départementales et municipales fondées sur un système électif;

8° L'instruction publique et la liberté de l'en-
seignement ;

9° L'abolition du double vote et la fixation des
conditions électorales et d'éligibilité.

Les lois et ordonnancés antérieures, en ce
qu'elles ont de contraire à la réforme de la Charte,
sont et demeurent nulles et de nul effet.

Moyennant l'acceptation de ces dispositions et
propositions, la Chambre des députés a déclaré
que l'intérêt universel et pressant du peuple français appelait au trône S. A. R. LOUIS-PHILIPPE
D'ORLÉANS, duc d'Orléans, lieutenant-général du
royaume, et ses descendans à perpétuité de mâle
en mâle par ordre de primogéniture, et à l'exclusion perpétuelle des femmes et de leur descen-
dance.

En conséquence, S. A. R. Louis-Philippe d'Orléans, duc d'Orléans, lieutenant-général du
royaume, à été invité à accepter et à jurer les
clauses et engagemens ci-dessus énoncés, l'observation de la Charte constitutionnelle et des modifications indiquées, et après l'avoir fait devant les
Chambres assemblées, il a accepté le titre de Roi
des Français.

La révolution de 1830, qui a ramené l'indépendance de la France, mérite de fixer les regards
des peuples, puisqu'elle leur apprend que la na-

ture a marqué irrévocablement l'époque de leur régénération, et qu'elle leur a donné le droit et les moyens de résister à la tyrannie, et de punir leurs oppresseurs ; les Français devaient sortir victorieux de cette lutte qui s'était élevée entre le despotisme et la liberté ; le ciel et la terre ont applaudi à ce triomphe ; l'humanité n'a point versé des pleurs ; elle n'a pas eu à rougir de ces scènes de carnage et d'horreur qui ont ensanglanté la révolution de 1789. Le peuple français n'a point voulu, en 1830, reconquérir son indépendance par la licence, l'anarchie et les crimes ; ce peuple n'a point été flétri par ces vices qui ont dégradé certains hommes de notre première révolution, il chérissait les lois saintes de l'humanité ; il a voulu pratiquer une morale douce et bienfaisante ; ces principes l'ont amené aux maximes d'ordre et de justice qu'il n'a cessé de montrer et dont il a donné des preuves en supportant, avec une résignation héroïque, les privations des premiers besoins de la vie, plutôt que de se livrer aux moindres excès.

Les chefs qui, dans cette lutte sanglante, ont dirigé le peuple, se sont tous distingués par leurs vertus et leur courage ; point de rivalités entre eux ; enflammés par l'amour de la liberté et de la patrie, ils n'ont vu que le bien général, le salut public, et le bonheur du peuple ; ils n'ont

pas été agités par ces passions sombres qui ne con-
seillent que des folies ou des crimes; ils n'ont point
été conduits par cet enthousiasme brûlant qui
égare l'esprit, et corrompt quelquefois le cœur.
Leur caractère, leurs mœurs et leurs habitudes
ont contribué à éloigner ces fléaux terribles qui
accompagnent toujours les commotions qui ébran-
lent et détruisent les empires. Leurs mains ne se
sont point souillées du sang innocent; ils n'ont
point dressé d'échafauds pour immoler des victi-
mes; au milieu des horreurs et du tumulte des
armes, ils ont conservé toujours l'ordre le plus
parfait. Unis par les nœuds de la confiance et de
l'amour des lois, ils ont respecté les propriétés et
n'ont jamais violé ce droit sacré sur lequel repose
l'édifice social; ils ont reconnu la dignité de
l'homme, l'indépendance du citoyen, et ils ont
rempli leurs devoirs avec autant de zèle que de
fidélité. Voilà les causes morales de cette heureuse
révolution, qui nous a fait reconquérir notre liberté, et sur laquelle nous avons fondé le bonheur et la prospérité de la France.

FIN.

IMPRIMERIE ET FONDERIE DE G. DOYEN, RUE SAINT-JACQUES, N. 38.